Einfach nur sein

»Echte Tragödie ist es, der Angst das Feld zu räumen.
Du selbst zu sein zu versäumen.«

Milena Čović (Mädchenname Drpić-Granić) wurde 1974 auf der Insel Brač, Kroatien, geboren. Nachdem sie das Sprachengymnasium mit Matura abgeschlossen hat, kam sie 1994 nach Österreich.

2017 erschien ihr erstes Buch der Gedichtband »Das Meer, der Traum und ich«, in kroatischer Sprache.

Sehr naturverbunden, zeigt sie von klein auf Respekt und Mitgefühl für das Leiden der uns Menschen untergeordneten (zumindest in der Zivilisation untergeordnet) Tieren. Sie unterstützt verschiedene Tierschutzvereine und Organisationen in Österreich und Kroatien.

Außer schreiben, fotografiert sie gerne und moderiert Feste der verschiedenen Vereine. Auch setzt sie sich als Regionautin auf meinbezirk.at mit den Themen Tierliebe und Tierschutz oft auseinander. Durch ihren Job als registrierte Dolmetscherin für die Sprachen Ex-Jugoslawiens bei der Polizei bekommt sie einen tieferen Einblick in die Problematik der modernen Welt.

MILENA ČOVIĆ

Einfach nur sein

Eine Auswahl meiner Lyrik

Bibliografische Information der Deutschen Nationalbibliothek
Die Deutsche Nationalbibliothek verzeichnet diese Publikation in der
Deutschen Nationalbibliografie; detaillierte bibliografische Daten sind im
Internet über http://dnb.dnb.de abrufbar.

Coverdesign, Satz, Herstellung und Verlag: BoD – Books on Demand,
Norderstedt
ISBN 978-3-7519-1196-2

Inhalt

EINFACH NUR SEIN

einfach nur sein
nur sein
sein

alles geht vorbei und alles ist da
nichts geht verloren
ich bin geboren und werde sterben
es ist leicht

(ob wer zufällig weiß
kann man das licht erben?)

am abend sah ich die sonne sie lag im sterben
immer mehr verschwand ihr licht
im weichen nebel des blaus

zeit geht vorbei was kümmert mich zeit
zeit streift mich nicht sie straft mich nicht

ich beobachte nur
im licht

GLÜCK

Glück ist, zu sein.
Sich und die Welt zu spüren.
Manchmal nur schauen.
Manchmal auch berühren.

Glück ist, Blicke auszutauschen.
Die Sonne streicheln, den Mond küssen,
ohne die Last des Geschehenen
je tragen zu müssen.

Leicht ist dein Schritt.
Binde dich bloß nicht!
Was heute Liebe ist, wird morgen zu Hass.
Was heute unentbehrlich, wird morgen zur Last.

Nach dem Glück brauchst du nicht zu rennen.
Auch nicht vor ihm wegzurennen!
Meistens reicht es, sich selbst zu kennen.

DU LEBST IN MIR WEITER

(für Žućo)

An dem Tag als Du starbst
warst Du für das große Licht
bereit
ich aber nicht
der Schmerz traf mich

wie ein Blitz

Dein Köpfchen,
Deine Pfötchen
habe ich geküsst
wollte es nicht wahrhaben

und dennoch hab ich es gewusst

Alles was ich besaß hätte ich
in dem Augenblick gegeben
um Dich zum Leben
zu erwecken
um Dich zurückzuholen

umsonst

und so stand ich am Rand der Straße
traurig und wütend und machtlos

ich konnte es nicht fassen
ich war drauf nicht vorbereitet

Dich gehen zu lassen

***

und dennoch war Dein Weg zu Ende
im Licht ist Deine kleine Seele aufgegangen
Engelein freuten sich maßlos
ich wünschte ich könnte sie hören
wie schön sie für Dich sangen

***

Du bist wieder glücklich, o wie glücklich Du bist!
'ne riesige Himmelswiese, alles für Dich!
Und der Fluss – dort kannst Du baden,
sorglos spielen mit Deinen Kameraden.

Wenn Du dann müde wirst
vom Spielen, Toben, Jagen,
leg Dich in mein Herz schlafen.
Da ist ein Platz für Dich bereit,
tags und nachts, jederzeit

dort kann ich Dich fühlen
im Herzen streichle ich Dich ich kann Dich
berühren

Und so lebst Du in mir weiter
und stimmst mich wieder heiter ♥

und wenn Trauer sich einmal gelichtet hat
werde ich am Abend lachen
nach dem langen Tag fröhlich
legst Du Dich zu mir schlafen

(»Ohne Titel«)

Hitze
die Spinne schwitzt
das Radnetz schmilzt
in glühendem Licht
Sonne grinst
verschmitzt
keine Wolke
in Sicht

DICH TRAGEN

(für Ulli)

Ich möchte dich tragen.
Deinen Schmerz mit dir teilen.

Dir Hoffnung geben,
an Gerechtigkeit zu glauben.
Dir den Glauben geben,
den Glauben fürs Leben.
Und Hoffnung auf ein Wiedersehen!
Denn ein Wiedersehen
wird es geben.

Ich möchte deinen Schmerz teilen.
Dann hast du weniger zu tragen.

GENESIS

Den Stern hat er aus Licht gemacht
(zuerst hat er ihn gedacht)

Und Gott sah, dass es gut war

Den Himmel schuf er
weil es ihm gefiel
so dass der Stern
doch nicht runterfiel

Den Menschen machte
er aus Erde
Er dachte:
Das wird schon werden

Und lachte.

ICH SASS AM STERBEBETT MEINES VATERS UND WEINTE

(für Pa)

Wir gehen nirgendwo hin, wir bleiben.

Am Sterbebett sind wir das,
was wir immer schon waren.
Der Rückverwandlung eilen wir entgegen
und wehren uns nicht mehr dagegen.
Es drängt uns buchstäblich loszulassen
ohne Angst, noch etwas zu verpassen ...

Ein jeder Atemzug kann der letzte sein.

Ich blickte dem Tod ins Gesicht,
und fand nicht, er wäre zum Fürchten. Eher Erlösung.
Des Lebensrätsels Lösung.
Strafe allein für diejenigen, die nicht
wirklich lebten.

Der Tod ist unser Freund
und so ein guter Lehrer!
Er droht uns nicht, er ermahnt uns bloß, uns zu
erinnern ...
Es gibt kein Entrinnen! Der Lauf des Lebens ist ewig,
wir hatten die Ehre (eine Zeitlang)
unseren Beitrag leisten zu können

im bunten
Energiegemisch.

Wenn unsere Väter und Mütter tot sind,
sind wir an der Reihe.
Was für ein Gefühl hast du dabei?

Vorbei ... alles ist vorbei.

Ich möchte leben ... ich lebe.
Ich möchte alles nehmen, was mir zusteht, und es steht
mir alles zu,
und geben und nehmen und leben.

Tragödien passieren nur innerhalb der Wände, die wir
aus falscher Bescheidenheit in uns aufstellen, um bloß
nicht aufzufallen.
Aber Schönheit fällt auf.
Echte Tragödie ist es, der Angst das Feld zu räumen.
Du selbst zu sein zu versäumen.

Im Angesicht des Todes nur Wahrheit.
Leichter, schöner Tod für diejenigen,
die ihre Arbeit getan haben
und sie getan ohne zu jammern.

So starb mein Vater.

Ich hielt seine Hand und weinte
weil er ein schweres Leben hatte
ich weinte
weil er nie ein Kind sein durfte und dennoch
bis ans Ende
ein Kind blieb
ich weinte, weil ich ihm keine Fragen mehr stellen
konnte
die Fragen wurden zu diesem Lied
ich weinte und der Tod lächelte mich sanft an
(ich habe ihn klar gesehen, am Kopfende des ärmlichen
Bettes)
Warum weinst du, mein Kind, frug er mich.
Niemand mehr kann ihm etwas zuleide tun ...
Siehst du das Licht, das weiße Licht?
Dein Vater ist glücklich, wenn du es bist
Freue dich, lebe, bereue nichts ...
Ich bleibe stets an deiner Seite,
vergiss das nicht!

An dem Tag, als er starb, ist mein Vater im Licht
aufgegangen,
von den Engeln aufgefangen
dort oben wurde er schön empfangen

wie es sich doch gehört ...

———————————

Pa, ich bleibe hier noch eine Weile!
Mein Kind, bloß keine Eile ...
Und Liebe umhüllte mich ganz

wie noch nie habe ich sie gespürt ...

(»Ohne Titel«)

Frühling
Grashalm atmet
kaum hörbar Körnchen
des Lichtes glänzen friedvoll
grün

DER TAG AN DEM DIE STERNE EIN BRÜDERCHEN BEKAMEN

an dem tag als du starbst war bereits herbst
feinfühlige birken und uralte eichen haben ihr letztes
gold
auf dich ausgeschüttet der wind
hat ihnen dabei geholfen
als die mutter dich zurück in ihren schoß empfing

bereits am nächsten tag wusch der regen die spuren
weg von der straße wie eine blinde tappe ich durch den
tag
ich sehe
dein liebes gesichtchen deine weisen augen ich kann dich
nicht rufen da dein name im schrei geblieben ist
auf dieser straße und mein herz durchstach eine scharfe
klinge

als ich dich sah wie du dort lagst

der schrei und ich blieben auf der straße
längst danach als der regen die blutspur wegwusch

die spur war wie von dieser sternschnuppe erinnerst
du dich als wir sie sahen in der morgendämmerung
eines kalten dezembertages und ich wünschte mir

ich wünschte mir
dass du glücklich bist du bist jetzt glücklich
in zukunft muss ich mir überlegen was ich wünsche

die ganze freude alles was schön war
wurde zum joch auf meinem nacken das geht vorbei
ich weiß wir werden uns einmal wiedersehen aber
es heißt immer dass wir in der gegenwart leben müssen
nicht
in der zukunft

verzeih mir dass ich nicht lockerlasse das geht vorbei
alles geht einmal vorbei
das ist meine art dir zu sagen wie sehr ich
dich geliebt habe
diese tage sind schwierig aber noch stärker ist die liebe
und freude und licht sind stärker als die dunkelheit
die sterne bekamen endlich ein BRÜDERCHEN
warum immer nur schwesterchen

ich bewahre diese tage in heiliger erinnerung
es waren viele Žućo mehr als siebenhundert
ich habe sie sichergestellt falls ich sie jemals brauche

ich brauche sie

ICH ALS BIRKE

wenn es mich einmal nicht mehr gäbe,
als liebende und leidende in diesem leben,
möchte ich gern die form annehmen
einer birke, mit fliegendem haar

(wie meins nie war)

der wind wird es mir zerzausen,
dann
akkurat kämmen,
fein
wird es rascheln, in der sonne schimmern
im herbst glimmen

die verliebten werden stehen bleiben
und bei meinem anblick weniger leiden.

DANKE!

Danke
für die Kraft
deiner väterlichen Hände –

die mich hält.
Für Liebe ohne Ende.
Für die schöpferische Macht,

die nicht mit dem Verstand denkt
die nach dem Herzen
mein Leben lenkt.

Danke dass du da bist,
bei mir immer schon warst,
und immer sein wirst,
deine Schönheit mir offenbarst
von Tag zu Tag mehr.

ich danke dir, Vater,
mein Herr.

(»Ohne Titel«)

Knochiges
Geäst brüchig
liegt. Stumpf erklingt,
dem Tode ergeben, nicht
entsetzt.

DER KÜNSTLER

Die Kunst ist ein Ausweg.
Ein Umweg auf dem Weg zum Ziel.
Der Künstler muss seine Wut nicht unterdrücken,
darf sich von der Schönheit zu Tode berücken.
Er redet mit der Wolke
und mit dem Nachbar.
Aber es ist sehr rar,
dass er die Meinung der Mehrheit vertritt,
und dass er sich vor ihr verbiegt!
Verrückt und ehrlich
träumt er. Manchmal lebensgefährlich.

VATER UNSER

Vater unser, du gabst uns das Leben
du sagtest: Nehmen und geben
ist dasselbe, wenn es in Liebe geschieht

Was ist bloß schiefgelaufen, was
hat die Menschheit nicht verstanden? Dass sie dich und
schließlich sich selbst verriet?

***

Mach die Pforten meiner Seele und
alle Fenster auf, so dass ich mit dem
Herzen sehe und keine Gespenster

Der Frieden wartet schon lange
aus dem Gefängnis dummer Gedanken
entlassen zu werden. Geben wir ihm
endlich mal die Chance hier auf Erden!

WIR TRÄUMER

Die Welt, ohne Grenzen.
Mit Liebe erfüllte,
freudige Herzen.

Die Welt, ohne Angst,
wie das schönste Lied,
das du mir einmal sangst!

Ob du dich noch
des Kindes
erinnerst?

Ob du Liebe und Freude
im Herzen
noch findest?

***

Ja, wir wollen den Weg gehen
nach dem Klang unserer Herzen!
Fröhlich zu der Sonne aufsehen,
frei von Angst und Schmerzen.

Uns selbst und die anderen lieben
alle Tage, bis zu dem letzten.

(»Ohne Titel«)

leben
erleben
nicht bloß überleben

sich freuen
nichts bereuen

lieben
nie hassen

wenn die Zeit kommt
loslassen

AUCH WENN DU ...

Auch wenn
du nicht
mehr weiter
weißt,
bist du
nicht allein.

Nur
verloren.

Mach dir
nix draus,
denn um
dich wieder
zu finden,
bist du

eigentlich
geboren.

(»Ohne Titel«)

In der Stille stirbt
der Tag im Duft der Wiesen.
Ein einsamer Ruf.

IN MEINER MITTE

In meiner Mitte
gibt es nur mich.
Es gibt dort kein »Ich«.

Ich ruhe in mir,
im Jetzt und Hier,
ich ruhe im Licht.

In meiner Mitte
ist der schönste Garten,
des Vaters lebendige Liebe.

Das »Ich« muss draußen warten.

SOMMERNACHT

Ein
Stern lacht
hinter der vorgehaltenen
Hand, um die Sonne
nicht

zu
wecken. Sie
muss ja ausschlafen,
sonst wird sie morgen
meckern.

Der
Nachtigall ist
es egal, schließlich
ist es nicht illegal,
jemanden

zu
wecken! Was
Ist schon dabei –
sie scheint dann eben
verdrießlich!

Mond,
der strenge
Nachtwächter, hört das
Kichern, das Gelächter der
Sterne

aus
der Ferne.
Mitlachen würde er
sooo gerne ... aber was
würde

morgen
die Sonne
dazu sagen? Jemand
muss schließlich für Ordnung
sorgen!

KATZ UND MAUS

Katz schmatzt,
träumt von der Maus.
Spät nachts
schleicht sie sich raus,
in den Garten
hinterm Haus,
die kleine Laus
auf Samtpfötchen!
Sie kann warten,
es macht ihr nix aus,
ob die Maus zu Haus
ist
oder nicht!
Durch List
oder Geduld
wird sie sie schon kriegen!

Die Maus flucht: »Mist!«

Meistens
ist es dann aus
für die Maus ...

(»Ohne Titel«)

Wasser blau-grün
Leise träumen die Tropfen
Des Lichtes am See

LASS DEINE SEELE SPRECHEN

Lass deine Seele sprechen,
lass sie sprechen,
lass sie dich anlächeln!

Lass sie dich führen
zu Wahrheit durch die Lügen –
sie wird dich nicht betrügen!

Sie ist das Licht in dir
sie kennt nur das Jetzt, das Hier!

Unwichtig, was war,
nichtig, was wäre –

mit Liebe gefüllt
ist die Leere

GERECHTIGKEIT SCHRIE

Warum so viel Eitelkeit, warum alles daneben?
Wir werden ja nicht ewig leben!

Sei dankbar und glücklich, tagein – tagaus.
Niederlage? Na und? Lerne daraus!

***

Die Zeit ist um! Gerechtigkeit schrie,
und wurde gehört! Die Melodie
wurde zum Spatenhub,
der Eitelkeit unter sich begrub.

Aus Staub der Menschen werden Wiesen erblühen,
Glühwürmchen aus ganzer Kraft durch die Nacht glühen,
die Welt wird endlich ohne Angst aufleben.
Nix wird mehr schiefgehen, nix daneben!

DER DRACHE

er schlendert durch die Straßen
er kann Gedanken lesen
rettet Tiere, rettet Menschen,
bestraft die Bösen

er tritt aufs Bremspedal
wenn Rehe die Straße überqueren
er kennt keine Gnade
bei hohlen Köpfen und Herzen leeren;

er ist ein Drache –
er übt Rache,
an all denen, die es verdienen.
er speit Feuer, er brennt nieder
all jene, die Böses sinnen.

diejenigen, die nichts taugen,
diejenigen, die an nichts glauben,
wird es nicht mehr geben.
Ruhe wird wiederkehren
zu allen, die aufrichtig lieben –
sie werden weiter leben.

SOMMER

Sommer frohlockt, unschuldig-alt.
Buschige Wolken in Gestalt
einer riesigen Eule.
Angst vor der Sonne, gekleidet in Wonne.

Zu viele Fragen! Ich könnte heulen!
Ja! Heulen könnte ich!
Was sind wir, wenn wir nicht
an Gutes glauben? Gutes tun?

Verbranntes Gras, früher einmal grün ...

Nach Segen des Regens dürstet
die Erde. Ein Grashüpfer hustet.

Sommer. Geh aus dir heraus!
Auf der Straße, geradeaus,
warten Irrwege, um dich
zu verschlingen, um dich
weg vom Ziel zu bringen!

Ach, der Sommer ist doch ganz anders,
wird man geliebt.

BIN LIEBER ALTMODISCH.

Verrückte Zeiten, alles für Spaß!
Jungbleiben ist Muss! Busen nach Maß.

Körbchen C, höchstes Glück!
Holt sich aus Silikon das passende Stück,
falls jemand zu wenig hat,
Papa Chirurg macht das Ganze straff und glatt,
mit Laser sieht man nachher kaum die Naht.

Wer nicht mitmacht, bleibt auf der Streck',
sogar junge Mädchen, ach du Schreck!
Wo Menschenwürde, wo Freude bleibt,
in so einem jungen Geschöpf?!
Der Wahnsinn immer mehr steigt.
Statt Hirn – Silikon im Kopf ...

Busen, Busen groß und klein,
muss er wirklich künstlich sein?
Zu OP sag ich nein,
Gott hat's in der Hand allein,
ich fühl' mich gut, ich fühl' mich fein.

O guter Gott, zu Hilfe eil',
bring Herzenswärme, bring uns Heil,
führ' aus Dunkelheit die Menschheit blind,
rette die, die zu retten sind ...

TIEF IM SCHWEIGEN

tief im schweigen
ist alles gesagt
wahrheit und glück
schlummern dort

wenn du sie nicht
beachtest
gehen sie fort

ohne ein wort

IN DER DÄMMERUNG

weiche Dämmerung umgarnt
mich ich sage nicht nein
das tut so gut ich will allein sein ich
sage nicht nein

du allmächtige Nacht die du
meine Seele getränkt hast mit Tau bleib
ich will nie wieder einschlafen nie wieder
aufwachen

ŽUĆO

Žućo ist ein einheimischer Kater. Ein Oberösterreicher, mütterlicher- und väterlicherseits. Er hat nur einen ausländischen Namen bei der Geburt erhalten. Na, nicht direkt bei der Geburt, aber bei der Taufe.

Klein war er damals. Noch ein Baby! Hatte Flöhe und Würmchen. Monatelang grub er hingebungsvoll in meinen Blumentöpfen, das war sein liebstes Hobby. Damals passte er noch problemlos hinein. Irgendwann habe ich aufgehört zu schimpfen – Žućo, das darf man nicht! Irgendwann gab ich es auf. Dafür brüllte der Staubsauger bei uns stundenweise. Seitdem nennen wir ihn »Monster«, weil Žućo große Angst vor ihm hatte! Die hat er übrigens immer noch.

Als er damals zu uns kam, haben sich etliche Nachbarn aufgrund seines Namens bei uns beschwert. Was ist das für ein Name? Jessas Maria! Das lässt sich nicht aussprechen! Wie soll ich mir den Namen merken? Warum haben Sie ihm keinen NORMALEN Namen gegeben? Und so weiter und so fort.

Dem Namen zum Trotz haben alle den kleinen Žućo sehr lieb gewonnen. Er wurde gestreichelt, gefüttert, und manchmal, wenn ich draußen nach ihm rief und er sich nicht meldete, konnte ich sicher sein, dass er irgendwo in einer Nachbarwohnung verwöhnt wurde!

Eine persönliche Freundin von Žućo nennt ihn »der kleine Tschutschi«. Er hat es gut akzeptiert, weil er weiß, wie sehr sie ihn jedes Mal verwöhnt, wenn wir zu Besuch sind. Er darf alles! Außer sich in der Kloschüssel zu verstecken, versteht sich. Aber auch das hat er am Anfang gemacht. War halt viel zu klein und viel zu schnell. Und seit dem ersten Tag ist er ein sehr intelligentes Katzentier ...

Auf dem Foto sieht man, dass Žućo nicht mehr klein ist. Man kann auch seine königlichen Manieren nicht übersehen, seine selbstsichere und herrische Haltung – hier bin ich der Boss! Worauf er so fixiert starrt, kann ich nicht sagen, aber bei uns in der Wohnung gibt es noch keine Mäuse! Außer den zwei Spielmäusen von Žućo, von denen immer eine in Žućos Wasserschüsserl schwimmt, während sich die andere vom Schwimmen erholt.

***

Ich möchte diese Geschichte jetzt fertig schreiben, wo Du noch neben mir sitzt und laut schnurrst. Während Du noch in meiner Nähe bist. Möchte mich jetzt schon für die wunderbare Zeit bedanken, die Du mit uns verbracht hast. Für so viele Situationen, wo wir, Kinder und Erwachsene, über Dich laut gelacht haben, und Du uns mit deinem aufmerksamen, herzbohrenden Katerblick angeschaut hast und dabei wohl gedacht: Was für komische Kreaturen! Und dabei so groß und hässlich und schrecklich laut!

Das mag ja auch stimmen, dass wir Menschen groß und hässlich und laut sind! Aber wir sind Deine Menschen.

Und werden Dich nie im Stich lassen.

TIERE, DIE GEGEN AUTOS DOCH EINE CHANCE HABEN

Heute war der absolute Tag der Rekorde – fünf gerettete Leben. Innerhalb von zwanzig Minuten. Ein Igel, unschlüssig, mitten auf der Straße, eine Katze, die es eilig hatte, nach ein paar hundert Metern noch eine weitere, ein Rehkitz, und zum Schluss ein Hase.

Wäre ich schneller gefahren, hätte keiner von ihnen eine Überlebenschance gehabt.

Raser sind eine realistische Gefahr auch für Menschen, nicht nur für Tiere!

Ich lebe in einem kleinen Ort in Oberösterreich und fahre jeden Tag dieselbe Strecke. Aufgrund meiner Pflichten fahre ich öfters auch in den ersten Morgenstunden, wenn noch viele Tiere aktiv sind und oft versuchen, die Straße zu überqueren. Vor allem in den Gebieten, wo die Straße von Wald und Feldern umgeben ist.

Ich weiß nicht, wie es euch dabei geht, wenn ihr auf einer solchen Straße fahrt. Ich denke immer daran, dass sich in dem Wald, beziehungsweise auf dem Feld, Leben verbirgt.

Viele Tier- und Vogelarten leben dort, oder irren umher. Da ich gerne am Leben teilnehme, weiß ich, dass alle Wesen gerne am Leben bleiben würden. Da fühle ich mich verpflichtet, auf das Leben zu achten, es zu respektieren. Möglicherweise steht das in keinem Gesetzbuch, aber wir Menschen sind auch moralische Wesen, oder? Das, was wir nicht erleben wollen, wollen wir den anderen auch nicht antun, oder?

Nach der Anzahl der überfahrenen Tiere zu schließen, wird leider oft zu schnell gefahren. Zu unachtsam. Zu schnell für Tiere, die auf der Nahrungssuche sind und keine Ahnung von unseren Verkehrsregeln haben. Wir haben es anscheinend versäumt, sie darüber zu informieren. Wir haben es vergessen, sie in unsere Pläne miteinzubeziehen. Und dennoch sind sie ein Teil dieser Erde und dürfen nicht vergessen werden. Es ist nicht möglich, so viele überfahrene Tiere als Zufall zu betrachten!

Ich habe bis jetzt sehr oft bremsen müssen. Ich habe es bis jetzt jedes Mal geschafft, rechtzeitig zu bremsen. Egal, ob eine Igelmama, ein Hase oder eine Katze, die sich weit weg von ihrem Zuhause verirrt hat. Sollte es einmal doch passieren, was ich nicht wünsche, werde ich stehen bleiben und nachsehen, ob das Tier noch zu retten ist.

Autos brauchen wir, keine Frage. Die meisten von uns sind viel unterwegs, um unseren täglichen Pflichten nachzugehen. Aber die Herren hinter dem Lenkrad sind WIR, nicht die Maschine. Wir steuern sie, und nicht umgekehrt!

Wir Menschen bringen großen Respekt den Themen wie Nation oder Religion entgegen. Um eine bessere Welt zu erschaffen, müssen wir aber viel mehr Respekt dem Leben entgegenbringen. Dem Leben, auch in seiner kleinsten Form. Tiere gehören zu unserer Welt, ob wir das so wollen oder nicht. Menschen, die den Tieren gegenüber respektlos oder gar grausam sind, behandeln ihre menschlichen Nächsten genauso respektlos. Und grausam. Das ist höchstwahrscheinlich auch der Grund, weshalb es so viel unnötige Gewalt überall auf der Erde gibt. So viele Auseinandersetzungen. Seit Jahrhunderten und Jahrtausenden immer nur Kriege. Auch die, die dem Auge der Öffentlichkeit verborgen bleiben.

Das ist nun mal die Welt, in der wir leben. Wir haben sie nicht, so schön und bunt, wie sie ist, erschaffen, und haben demnach kein Recht, sie zu zerstören. Unsere einzige Chance ist es, sie gesund, schön und bunt, wie sie ist, mit allen ihren Besonderheiten zu erhalten. Zerstören wir sie, werden unsere Kinder und Enkelkinder diejenigen sein, die dafür büßen werden. Ob wir es ihnen wirklich wünschen?

Die Verantwortung tragen wir Erwachsene, ohne Ausnahme. Als Einzelpersonen, als Eltern, Lehrer, Fahrlehrer, Gesetzgeber, Gemeindebedienstete, Zeitungsreporter ...

Geben wir uns endlich mal eine Chance, besser zu werden. Geben wir dem Leben eine Chance. Geben wir unseren Tieren, die auch leben wollen, die Chance, unversehrt die Straße zu überqueren.